¡BRAVO, BRAVO! Level «Canciones»

The materials for this level have been researched, written and developed by the *Editorial Department of Santillana, S.A.*, under the direction of **Antonio Ramos**. The following authors have participated:

SYLVIE COURTIER
ANTONIO LÁZARO CEBRIÁN

Editorial Director: **CASTO FERNÁNDEZ DOMÍNGUEZ**
Managing Editor: PILAR PEÑA PÉREZ
Project Editor: VALENTINA VALVERDE RODAO
Illustrators: ANTONIO TELLO, MARÍA LUISA TORCIDA, BEATRIZ UJADOS

The authors and publisher would like to thank the following educators for their reviews of manuscript during the development of the project.

TIM ALLEN	San Diego Unified School District, San Diego, California
ELVA COLLAZO	Board of Education, NY, New York
DENISE B. MESA	Dade County Public School, Miami, Florida
MARTHA V. PEÑA	Dade County Public School, Miami, Florida
DR. SILVIA PEÑA	University of Houston, Houston, Texas
ANA PÉREZ	Baldwin Park Unified School District, Baldwin Park, California
CARMEN PÉREZ HOGAN	NY State Dept. of Education, Albany, New York
MARÍA RAMÍREZ	NY State Dept. of Education, Albany, New York
MARÍA DEL CARMEN SICCARDI	Spanish TV Broadcaster, Washington, DC
DR. ELEONOR THONIS	Wheatland Independent School District, Wheatland, California
NANCY B. VALDEZ DEL VALLE	Dade County Public School, Miami, Florida

10 9 8 7 6 5 4 3 2
Published in the United States of America
ISBN: 0-88272-850-4
Printed in Spain

SANTILLANA PUBLISHING CO. Inc.,
Corporate Headquarters, 901 W. Walnut Street, Compton, CA 90220.

¡Bravo, bravo!

SPANISH FOR CHILDREN

Buenos días
CANCIONES - BOOK 1

santillana

CONTENIDO

 # Buenos días

6

¿Cómo estás?

Tarara y el hombre

El niño y Tarara

El niño y la niña

Buenas noches.

Buenas noches.

1

Buenos días

2

Buenas tardes

3

Buenas noches

¿Quién eres tú?

● Antes

¿Cómo te llamas tú?

Yo me llamo ...

Buenos días

Saludos

Buenos días.
Buenas tardes.
Buenas noches.

¿Quién eres tú? Yo soy ...

¿Quién eres tú?
Yo soy el gato Cándido.

¿Cómo te llamas tú? Yo me llamo ...

¿Cómo te llamas tú?
Yo me llamo Tarara.

FIN

La Tierra

La tierra y el cielo

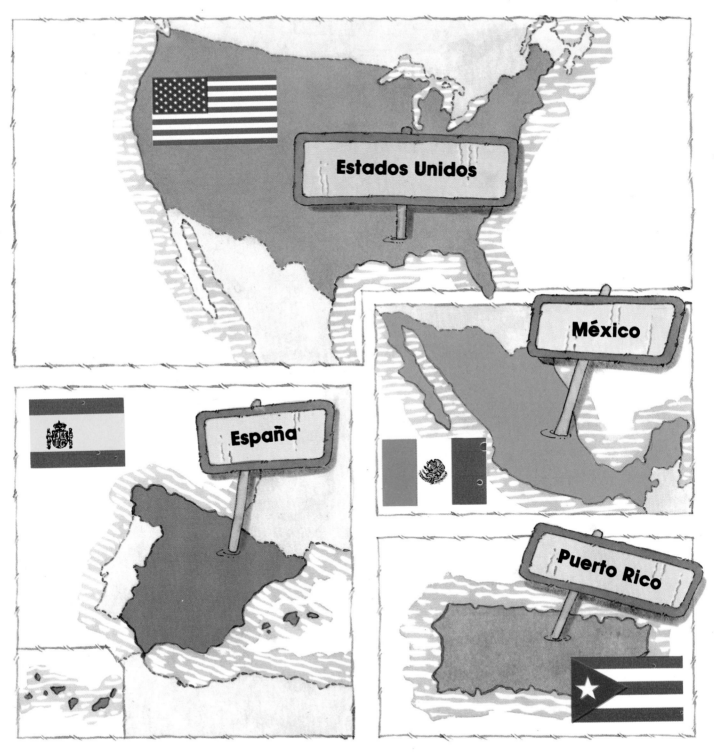

Estados Unidos

México

España

Puerto Rico

el sol

la luna

la tortuga

el pez

¿De dónde eres?

¿Dónde está ... ?

1 uno — la luna → el cielo

2 dos — el pez → el mar

3 tres — la tortuga → el bosque

4 cuatro — el sol → el cielo

1. La luna está en el cielo.

2. El pez está en el mar.

3. La tortuga está en el bosque.

4. El sol está en el cielo.

La Tierra

¿De dónde ... ?

¿De dónde eres?
Yo soy de México.

¿De dónde eres?
Yo soy de España.

¿Dónde está ... ?

¿Dónde está el sol?
El sol está en el cielo.

¿Dónde está la tortuga?
La tortuga está en el bosque.

DECIR LO CONTRARIO

DECIR LO CONTRARIO

Contrarios

alto

bajo

Juan es alto.

Es alto.

Es bajo.

alta

baja

Tarara es alta.

Es alta.

Es baja.

gordo

Es gordo.

flaco

Es flaco.

gorda

Es gorda.

flaca

Es flaca.

¿Cómo es?

¿Cómo es?

Es grande, **grande**, grande.

La casa
es grande.

El tren
es grande.

La muñeca
es grande.

34

35

¿Cómo eres tú?

niño - niña

Decir lo contrario

39

¿Cómo es? Es ...

¿Cómo es el tren?
El tren es grande.

¿Cómo es la muñeca?
La muñeca es pequeña.

¿Cómo eres tú? Yo soy ...

¿Cómo eres tú?
Yo soy alto y flaco.

¿Cómo eres tú?
Yo soy alta y flaca.

Fin

EL SERENO DE MI CALLE

EL SERENO DE MI CALLE

El reloj

Son las siete.

Doce niños... doce caramelos.

45

¿Qué hora es?

Visita al museo del tiempo

¿Cuántos años tienes?

Es el cumpleaños de Cándido.

49

El sereno de mi calle

El sereno de mi calle
es un poquito embustero;
me dijo que estaba claro
y ha amanecido lloviendo.

Sereno que cantas
dime qué hora es;
si han dado la una,
las dos o las tres;
las cuatro, las cinco,
las seis, las siete,
las ocho, las nueve,
o las diez.

51

Los años

¿Cuántos años tienes tú?
Yo tengo ocho años.

¿Cuántos años tienes tú?
Yo tengo diez años.

La hora

¿Qué hora es?
Es la una.

¿Qué hora es?
Son las dos.

Complementos

La cometa

La cometa sube
hasta las nubes.
Vuela la cometa,
y no es avión
ni es avioneta.

La Tarara

Tiene la Tarara
un jardín de flores,
y me da, si quiero,
siempre las mejores.

La Tarara, sí;
la Tarara, no;
la Tarara, madre,
que la bailo yo.

Mi diccionario temático

Las personas

 **niño** boy

 **niños** boys

 **niña** girl

 **niñas** girls

 **hombre** man

 **hombres** men

 **mujer** woman

 **mujeres** women

Unidad 1. Buenos días

56

La Tierra

cielo
sky

árbol
tree

el Sol
the Sun

la Tierra
the Earth

pez
fish

la Luna
the Moon

bosque
forest

tortuga
turtle

mar
sea

flor
flower

Unidad 2. La Tierra

Los contrarios

grande
big

pequeño
small

grande
big

pequeña
small

alto
tall

bajo
short

alta
tall

baja
short

gordo
fat

flaco
thin

gorda
fat

flaca
thin

Unidad 3. Decir lo contrario

58

Los números

uno
one

dos
two

tres
three

cuatro
four

cinco
five

seis
six

siete
seven

ocho
eight

nueve
nine

diez
ten

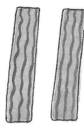
once
eleven

doce
twelve

Unidad 4. El sereno de mi calle

La escuela

escuela
school

cuaderno
workbook

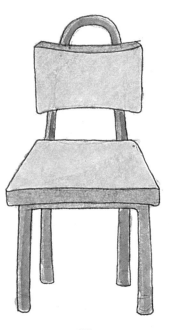

silla
chair

tizas
chalk

papelera
wastebasket

libro
book

lápiz
pencil

clase
classroom

pizarra
blackboard

regla
ruler

mesa
table

pegamento
glue

bolígrafo
pen

goma de borrar
eraser

Extension Vocabulary

Vocabulario activo

Palabras que aparecen ocho o más veces en el Libro.

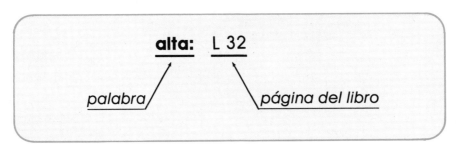

alta: L 32

palabra / página del libro

A

alta: L 32
alto: L 32
años: L 48

B

baja: L 32
bajo: L 26
bosque: L 24
buenas noches: L 9
buenas tardes: L 8
buenos días: L 5

C

Cándido: L 10
Carmen: L 12
casa: L 34
cielo: L 24
cinco: L 50
cómo: L 8
contrario: L 29
cuántos: L 45
cuatro: L 24

D

de: L 22
diez: L 47
doce: L 45
dónde: L 22
dos: L 24

E

el: L 8
en: L 25
eres: L 10
es: L 26
España: L 20
está: L 24
Estados Unidos: L 20

F

flaca: L 33
flaco: L 33

G

gato: L 10
gorda: L 33
gordo: L 33
gracias: L 8
grande: L 34

H

hora: L 44

L

la: L 9
las: L 27
luna: L 21

LL

(te) **llamas:** L 12
(me) **llamo:** L 12

M

mar: L 24
me: L 12
México: L 20

mi: L 26
muñeca: L 10
muy bien: L 8

N

niña: L 9
niño: L 8
nueve: L 45

O

ocho: L 44
once: L 47

P

Pedrito: L 12
pequeña: L 35
pequeño: L 35
pez: L 21
Puerto Rico: L 20

Q

qué: L 44
quién: L 10

S

seis: L 50
sereno: L 41
siete: L 44
sol: L 21
son: L 44
soy: L 11

T

Tarara: L 8
te: L 12
tengo: L 48
tienes: L 45
Tierra: L 17
tortuga: L 21
tren: L 34
tres: L 24
tú: L 10

U

un: L 12
una: L 12
uno: L 24

Y

y: L 8
yo: L 11